Kinderlieder und Kinderreime aus alter Zeit

herausgegeben von
Martha Schad

illustriert von
Friederike Spengler

Pattloch Verlag

E r n s t S c h a d

für seine Enkel

Dorothea, Peter, Barbara, Brigitte,
Arno und Clemens

Die Deutsche Bibliothek – CIP-Einheitsaufnahme

Kinderlieder und Kinderreime aus alter Zeit / hrsg. von Martha
Schad. Ill. von Friederike Spengler. – Augsburg : Pattloch, 1996
 ISBN 3-629-00258-7
NE: Schad, Martha [Hrsg.]; Spengler, Friederike [Ill.]

Pattloch Verlag, Augsburg
© Weltbild Verlag GmbH, 1996
Gesetzt aus der Sabon von Ruth Bost, Weltbild Verlag, Augsburg
Reproduktion: Litho-Art, München
Gesamtherstellung: Sebald Sachsendruck, Plauen
Gedruckt auf chlorfrei gebleichtem Papier.
Printed in Germany

ISBN 3–629–00258–7

Inhalt

Vorwort

Wer immer sich liebevoll mit einem Kind beschäftigt, der wird es auch verstehen, diese Liebe dem kleinen Wesen mitzuteilen. Wenn die Mutter, der Vater oder wer auch immer das Kleine mit einem fröhlichen Gesicht anschaut und mit ihm lacht, werden bestimmt auch die kleinen Äugelchen strahlen. Ein herzliches Kosewort vermehrt das Gefühl der Vertrautheit zwischen den beiden. Zunehmend erst wird die Beziehung von Worten bestimmt sein, die lange noch gar nicht verstanden werden müssen, aber doch schon durch den Tonfall dem Kind die Nähe und die Zuneigung des Erwachsenen spüren lassen. Regelmäßig wiederholte Verschen und Reime leisten da einen guten Dienst. Sie können verbunden sein mit dem Streicheln über den Kopf oder über das Händchen, und so dem Kind in doppelter Weise das Gefühl vermitteln, umsorgt und geborgen zu sein.

Es gibt so viele Möglichkeiten, von früh auf bei dem kleinen Menschenkind Augenblicke des Glücks auszulösen. Jeder Mutter und genauso jedem anderen, der sich liebevoll mit einem Kind beschäftigt, kann man nur von

Herzen viel Einfallsreichtum und Geschick dazu wünschen.

Was sich in unserer Sammlung hier findet, hat schon unzählige Male Freude bereitet. Diese »Verse, Lieder, Kinderreime« sind aus der Erfahrung im eigenen Kinderzimmer zusammengetragen. Dort haben die Fingerspiele ihren Platz gehabt und in guten und manchen Krankheitstagen Ablenkung bewirkt und Heiterkeit ausgelöst. Ein ganz besonderes Vergnügen ist es, für kleine und große Kinder ein Rätsel zu stellen und mit Spannung zu erwarten, wer es lösen wird. Und dann stammen diese Gedichtchen aus dem Unterricht eines begabten Pädagogen in einer einklassigen dörflichen Volksschule, wo alle acht Klassen in einem Schulraum zusammen waren. Da ging es oft recht lustig zu. Der Lehrer schrieb die Verse an die Tafel, und sie sind alle einmal mit großen bunten Tafelbildern gemeinsam verwendet worden, um mit den ABC-Schützen die ersten Buchstaben zu schreiben und zu lesen, mit Größeren dann Grammatik zu üben, Naturbeobachtung zu betreiben, das Gespür für Poesie zu entwickeln und das Gedächtnis zu schulen. Und alle diese Gedichte sind ganz nebenbei auswendig gelernt worden. Im Frühling, Sommer, Herbst und Winter wurden zu den einzelnen Gedichten Zeichnungen gemacht, die die Kinder mit getrockneten Blumen, Gräsern und Blättern schmückten.

So sind diese »Kinderlieder und Kinderreime aus alter Zeit« auch hier nicht eigentlich zum Vorlesen gedacht, sondern zum Nachsprechen und für die Kinder zum Mitsprechen. Sie können bei zunehmendem Alter manche Frage der Kinder wecken und Anlaß zum Gespräch mit ihnen geben.

Auch die Tanzlieder haben einmal in der Schule eine sehr wichtige Rolle gespielt. In den Pausen wurde oft auf dem Schulhof getanzt, nicht gerannt und getobt. Noch bei seinem 90. Geburtstag hat mein Schwiegervater mit seinen Enkel und Urenkeln getanzt. Heute kann sich bei einer Geburtstagfeier die Kinderschar damit vergnügen und sie etwa bei Pantomimen verwenden.

In den Jahren 1933 bis 1947 kamen diese hier vorliegenden Reime, Gedichte und Lieder zusammen, wurden aufgelesen, umgestaltet oder selbst gedichtet. Es war keine friedliche Welt, in der damals die Kinder lebten, aber doch eine Welt, in der man trotz alledem auch Zuversicht und Gottvertrauen lernen, Freundschaft und Geborgenheit erfahren konnte.

Auch heute möchte diese Sammlung Freude bereiten, und dazu noch vielen Erwachsenen Anregung geben zum Spielen, Tanzen und eigenem Reimen und Dichten im fröhlichen Umgang mit ihren Kindern.

Die Herausgeberin

Fingerspiele

Himpelchen und Pimpelchen

Himpelchen und Pimpelchen
stiegen auf einen Berg.
Himpelchen war ein Heinzelmann,
und Pimpelchen war ein Zwerg.
Sie blieben lange dort oben sitzen
und wackelten mit ihren Zipfelmützen.
Doch nach fünfundzwanzig Wochen,
sind sie in den Berg gekrochen,
schlafen dort in guter Ruh,
sei fein still und hört mal zu!
ch – ch – ch – ch – ch – ch – ch ...
Dann sind sie fröhlich aufgewacht
und haben beide laut gelacht.
Ha, ha, ha, ha, ha!
Das ist Himpelchen
und das ist Pimpelchen.
Hurra! Jetzt sind sie beide wieder da!

Geht ein Männchen
die Treppe hinauf,
bleibt ein bißchen hocken.
Geht dann wieder weiter nauf:
Schellen oder kloppen?

Alle meine Fingerlein
sind gar lustige Dingerlein.
Wenn ich sage: »Legt euch nieder!
tun sie's gleich.
»Aber jetzt erhebt euch wieder!
Jetzt dürft ihr spazieren gehn.
Und nun – alle stille stehn!«

Das ist der Daumen.
Der schüttelt die Pflaumen.
Der liest sie auf.
Der trägt sie nach Haus.
Und der kleine Piripinka
ißt sie alle alleine auf.

Der ist ins Wasser gefallen.
Der hat ihn herausgeholt.
Der hat ihn nach Hause geschafft.
Der hat ihn zugedeckt.
Und der kleine Schlingel
hat ihn wieder aufgeweckt.

Alle meine Fingerlein
sollen lustige Vöglein sein.
Seht, sie fliegen auf und nieder,
hin und her und immer wieder.
Sie bauen im Walde sich ein Nest,
Weckt am Morgen sie die Sonne,
singen sie voll Lust und Wonne.

8

Der ist in den Busch gegangen.
Der hat das Häslein gefangen.
Der hat's heimgetragen.
Der hat's gebraten.
Und der – hat's verraten.

Ein Däumchen dort,
ein Däumchen hier,
zwei Zeiger dran, dann sind es vier.
Zaubern kann ich wie eine Hex',
zwei gib dazu, dann sind es sechs.
Dann stehn die Goldner,
habt schön acht,
sind der Fingerlein schon acht.
Ihr Kleinen, laßt euch
auch noch sehn!
Sind alle da, dann hab ich zehn.

Zehn kleine Zappelmänner
zappeln hin und her.
Zehn kleine Zappelmänner
können noch viel mehr.
Zehn kleine Zappelmänner
spielen jetzt Versteck.
Zehn kleine Zappelmänner
sind auf einmal weg.
Zehn kleine Zappelmänner
sind jetzt wieder da.
Zehn kleine Zappelmänner
rufen laut: »Hurra!«

Zwei Mädchen wollten
Wasser holen.
Zwei Buben wollten pumpen.
Da guckt der Herr Baron heraus
und sagt: »Ihr seid ja Lumpen.«
Dann ging er wieder ins Haus.
Dann kam er wieder heraus.
Nun ist die Geschichte aus!

Fünf Männlein sind
in den Wald gegangen.
Sie wollten einen Hasen fangen.
Der erste war dick wie ein Faß.
Der brummte: »Wo ist der Has'?«
Der zweite schrie: »Dort sitzt er ja!«
Der dritte war der Längste,
aber auch der Bängste.
Der fing gleich an zu weinen:
»Ich seh' ja keinen.«
Der vierte sagte:
»Das ist mir zu dumm.
Da kehr ich gleich wieder um.«
Der fünfte, – wer hätte das gedacht –,
der hat den Hasen
nach Hause gebracht.
Und alle Leute haben gelacht.
Ha, ha, ha, ha, ha.

Mein Kindchen

Mein Kindchen ist klein,
könnt schöner nicht sein.
Es hat mir versprochen,
sein Herzchen ist mein.

Blaue Augen im Kopf
und ein Grübchen im Kinn.
O, du herzliebes Kindchen,
wie gut ich dir bin.

Der kleine Schelm

Ein kleiner Schelm bist du,
ich weiß jetzt, was ich tu.
Ich steck dich in den Hafersack
und bind ihn oben zu.

Und wenn du dann noch schreist:
»Ach bitte, laß mich raus!«,
dann bind ich ihn noch fester zu
und setz mich obendrauf.

Zwei Heinzelmännchen aus dem Sack

Zwei Heinzelmännchen
aus dem Sack,
der eine heißt Schnick,
der andere Schnack.
Schnick hat zwei Hörnchen
und Schnack einen Kranz.
Nun gehen sie beide zum Tanz.
Sie tanzen manierlich.
Ihre Schritte sind zierlich.
Und zum Schluß verschwinden
Schnick und Schnack
wieder im Sack.

Ich möcht doch wissen, wer das ist,
der immer mit zwei Löffeln frißt?

Der arme Tropf
hat einen Hut
und keinen Kopf,
hat dazu nur einen Fuß
und keinen Schuh.

Es sieht aus wie eine Katze,
hat Haare wie eine Katze,
fängt Mäuse wie eine Katze,
und ist doch keine Katze.

Welches Häuschen hat kein Dach?

Roten Purpur trag' ich,
vier Flüglein schlag' ich,
sechs Beine rühr' ich,
sieben Punkte führ' ich.

Ein Häuschen mit fünf Stübchen,
darin wohnen braune Bübchen.

Erst weiß wie Schnee,
dann grün wie Klee,
dann rot wie Blut,
schmeckt allen Kindern gut.

Lirum, larum, Löffelstiel,
wie schreibt man das mit
drei Buchstaben?

Hat ein Bein und kann nicht stehen,
hat zwei Flügel und kann nicht
fliegen,
kann nur laufen und nicht gehen,
sag', wo kann dies Ding nur liegen?

Was hat vier Beine und kann
doch nicht gehen?

Ihr Leut', was das bedeut'?
Hat sieben Häut', beißt alle Leut'.

Rätsel und Kinderreime

Welche Uhr hat keine Räder?

Hocker, hocker, Reiterlein,
wenn die Kinder kleine sein,
reiten sie auf Pferdelein.
Wenn sie größer werden,
reiten sie auf Pferden.
Geht das Pferdchen
tripp-tripp-trapp,
Bauz, da fällt der Reiter ab.

So fahren die Damen.
So fahren die Damen.
So reiten die Herren.
So reiten die Herren.
So juckelt der Bauer.
So juckelt der Bauer.
Hutschak, hutschak,
schack, schack.

Hoppe, hoppe, Reiterlein,
wenn die Kinder kleiner sein,
reiten sie auf Stock und Bein.
Wenn sie größer werden,
reiten sie auf Pferden.
Geht das Pferdchen
tripp-tripp-trapp,
Bauz, da fällt der Reiter ab.

Verkehrte Welt

Vorigen Handschuh verlor ich
meinen Herbst.
Da ging ich zu Fand aus
und suchte ihn.
Da sah ich drei Stühlchen
auf ihren Herrn sitzen.
Da zog ich mein Dach ab und sagte:
»Guten Hut, meine Herrn;
wo sind Sie so lange gesehen,
daß ich sie nicht gewest habe?«
Da bauchten sie, daß ihnen der
Lach platzte.

Die kleine Hex

Morgens früh um sechs
kommt die kleine Hex.
Morgens früh um sieben
schabt sie gelbe Rüben.
Morgens früh um acht
wird Kaffee gemacht.
Morgens früh um neun
geht sie in die Scheun.
Morgens früh um zehn
holt sie Holz und Spän,
feuert an um elf,
kocht dann bis um zwölf
Fröschlein, Krebs und Fisch.
Hurtig, Kinder, kommt zu Tisch!

Das Feuerchen

Flicker-Flacker still und brav
hält im Hölzchen seinen Schlaf.
Weckst du ihn mit kurzem Streich,
hüpft er aus dem Hölzchen gleich.

Aber dann – gib acht, gib acht!,
daß er keine Sprünge macht.
Springt er frei im Haus umher,
hast du bald kein Häuschen mehr.
Laß ihn schlafen drum, den Racker,
Flicker-Flacker, Flicker-Flacker.

Der Schmied

Kling, klang, klingdiwing,
wir hämmern ein Stück Eisen.
Kling, klang, klingdiwing,
Der Bauer geht auf Reisen.
Kling, klang, klingdiwing,
sein Pferdchen muß beschlagen sein,
drum hämmert er
beim Funkenschein
acht Nägel in den Huf hinein.
Kling, klang, klapp,
nun fällt das Eisen nicht mehr ab.

Lieber, guter Osterhas,
mach uns kleinen Kindern Spaß.
Leg uns Eier, bunt und schön,
daß wir können suchen gehn.
Rote Eier leg ins Gras,
lieber, guter Osterhas!

Tiergedichte

Der Osterhas

Gestern abend ging ich aus,
ging wohl in den Wald hinaus.
Auf dem Weg beim Weitergehn
sah ich manches Gräslein stehn.
Will ich um die Ecke biegen,
seh ich da was Rundes liegen.
Und auf einmal guckt hervor
hier ein Ohr und da ein Ohr.
Seh zwei Augen, eine Nas, –
fertig ist der Osterhas.
Frage ich. »Was machst du denn?
Hockst ja da wie eine Henn?«
»Meinem Bub, dem kleinen Schreier,
lege ich zwei Ostereier.«

Der Hase

Ringel – Rangel – Reihe –
der Hase läuft ins Freie.
Der Hase läuft ins Stoppelfeld,
am besten ihm der Kohl gefällt.
Da setzt er auf zwei Beine sich
und frißt sich satt ganz ordentlich.
Da kommt von fern
der Jägersmann.
Wie spitzt der Has die Ohren dann.
Duckt nun nieder den Kopf,
daß ihn der Jäger nicht kriegt
am Schopf.

Das Häslein und der Jägersmann

Gestern abend ging ich aus,
ging wohl in den Wald hinaus.
Saß ein Häslein in dem Strauch,
guckt mit seinen Äuglein raus.
Kam das Häslein dicht heran,
daß mir's was erzählen kann.
»Bist du nicht der Jägersmann,
hetzt auf mich die Hunde an.
Wenn dein Windspiel mich ertappt,
hast du, Jäger, mich geschnappt.
Wenn ich an mein Schicksal denk,
ich mich recht von Herzen kränk.«
»Liebes Häslein, merk dir das:
Geh dem Bauer nicht mehr
ins Gras!
Bleib dem Bauer aus dem Kraut!
Sonst bezahlst's mit deiner Haut.
Sparst dir manche Not und Pein,
kannst mit Lust ein Häslein sein.«

Das Häschen im Gras

Häschen saß im grünen Gras.
Häschen dachte: »Was ist das?
Kommt dort nicht der Jäger her
mit dem großen Schießgewehr?«
Husch, mein Häschen, husch
in den Haselbusch.

Jäger zieht den Hahn schon auf.
Liebes Häschen, lauf doch, lauf!
Ach, jetzt legt er an und knallt,
daß es durch die Büsche schallt.
Schau, wie 's Häschen laufen kann!
Hat doch keine Stiefel an.

Die Hasenjagd

Es war einmal ein Häschen,
das saß in seinem Kohl
und fühlte sich da wohl.

Es war einmal ein Jäger,
der kam des Wegs daher
mit seinem Schießgewehr.

Das Häschen macht ein Männchen
aus seinem Kohl heraus.
Dann riß es aus.

Piff, paff, piff, paff, so schoß er,
– vorbei natürlich. – Husch!
Mein Häschen war im Busch.

Als der Mond schien helle

Als der Mond schien helle,
kam ein Häslein schnelle,
suchte sich sein Abendbrot.
Doch der Jäger schoß mit Schrot.

Häslein lief vor Schrecken
hinter Busch und Hecken,
sprach zum Mond:
»Lösch aus dein Licht,
daß mich sieht der Jäger nicht.«

Und der Mond, der helle,
zog die Wolken schnelle,
groß und klein vor sein Gesicht.
Ward zur Finsternis das Licht.

Häslein ging zur Ruhe,
zog aus Rock und Schuhe,
legte sich aufs weiche Moos,
schlief wie in der Mutter Schoß.

Hänschen auf der Jagd

Hänschen wollte jagen gehn,
hatte kein Gewehr.
Sah es einen Besen stehn –
das gefiel ihm sehr.

Hänschen ging voll Jagdbegier
mit dem Besen aus.
»Mutter, einen Braten dir
bring ich bald nach Haus.«

Saß ein Häslein auf der Flur,
Hänschen machte: »Bumm!«
Häslein machte Männchen nur,
aber fiel nicht um.

Hasenjagd

Rische, rasche, rusche,
der Hase sitzt im Busche.
Wolln wir mal das Leben wagen,
wolln wir mal den Hasen jagen?

Rusche, rasche, rische,
der Hase sitzt bei Tische.
Siehst du dort im grünen Kohl ihn?
Flink, nun lauf mal hin und hol ihn.

Rische, rusche, rasche,
hast du ihn in der Tasche?
Was? Bist in das Feld gegangen?
Ätsch! Kannst nicht mal Hasen
fangen.

23

Saß ein Rabe auf dem Baum.
Hänschen machte: »Puh!«
Doch der Rabe wie im Traum
saß in guter Ruh.

Hüpft ein Sperling an den Weg.
Hänschen machte: »Paff!«
Doch der Sperling piepte frech:
»Hänschen, bist ein Aff!«

Hänschen nun verlor den Mut,
macht ein schief Gesicht.
»Schießen tut die Flinte gut,
doch sie trifft ja nicht.«

Reisende

»Sie wollen reisen?«
fragen die Meisen.
Der Storch klappert: »Ja,
nach Afrika.«
»Das ist wohl weit«,
die Elster schreit.
Der Star: »Tausend Meilen!
Wir müssen eilen!«
Des Gimbels Weib
sagt: »Mann, ich bleib.«
»Im Wald ist's nicht schlecht«,
nickt hämmernd der Specht.
Goldammer sagt: »Piep,
daheim ist mir lieb!«
Und der Zaunkönig lacht:
»Mein Bett für den Winter
ist längst schon gemacht.«

Frau Schwalbe

Frau Schwalbe ist 'ne Schwätzerin,
sie schwatzt den ganzen Tag.
Sie plaudert mit der Nachbarin,
so viel sie plaudern mag.
Das zwitschert, das zwatschert
den lieben langen Tag.

Die schwatzt von ihren Eiern viel,
von ihren Kindern klein.
Und wenn sie niemand hören will,
schwatzt sie für sich allein.
Das zwitschert, das zwatschert,
und will nicht stille sein.

Hält sie im Herbst Gesellschaft gar
auf jenem Dache dort,
so schwatzen die Frau Schwalben all
erst recht in einem fort.
Das zwitschert, das zwatschert,
und man versteht kein Wort.

Das Hühnchen

Das Hühnchen läuft und schreit:
»Kakei!«
Legt in das Nest ein weißes Ei.
Da kommt der Hahn und sieht es,
schreit:
»Kickeriki, ein Ei liegt hie!«
Nun läuft die Magd herbei
und sagt:
»Was für Geschrei
macht denn ihr zwei?«
Da sieht sie's Ei,
nimmt's mit geschwind,
und kocht ein Süpplein
für das Kind.

So geht's

Es war einmal ein Fröschlein –
quak, quak, quak!
Das fing sich eine Fliege –
schnapp, schnapp, schnapp!
Da nahte gravitätisch –
trapp, trapp, trapp!
ein alter Storchenvater –
klaperdi-klaperdi-klapp!
Der holte sich das Fröschlein –
o weh, o weh, o weh!
Zum Füttern seiner Jungen –
o je – o je – o je!
Die Mücklein lachten listig –
summ, summ, summ!
Da fraß sie eine Schwalbe –
dumm, dumm, dumm!

Mein Kätzchen

Mein Kätzchen, das Schätzchen,
hat dreierlei Haar;
hat weißes und schwarzes
und gelbes sogar.
Es leckt sich und schleckt sich,
denn das ist doch klar,
daß das Kätzchen sehr stolz ist
auf dreierlei Haar.

Wo wohnt die Maus?

Ich frag die Maus:
»Wo ist dein Haus?«
Die Maus darauf erwidert mir:
»Sag's nicht der Katz,
so sag ich's dir.
Treppauf, treppab,
erst rechts, dann links,
dann wieder rechts
und dann gradaus –
da ist mein Haus.
Du wirst es schon erblicken.
Die Tür ist klein,
und trittst du ein,
vergiß nicht, dich zu bücken.«

Katzenmusik

Die Nacht ist still. Der Mond geht auf.
Wer klettert da zum Dach hinauf?
Drei Sänger Miez und Hinz und Mohr
beginnen ihren Katzenchor.
Die Leut erwachen ringsumher.
Bald schleicht der Herr vom Haus daher.
Musikdirektor will er sein,
schlägt mit der Peitsch
den Takt darein.

R. Reimann

Großmutter will tanzen,
auf machet Platz, auf machet Platz,
mit dem Großvater,
ihrem allerliebsten Schatz.
Hei dideldum! Hei dideldum!
Hei dideldum dei!

Spiele und Tänze

Brüderchen, komm tanz' mit mir,
beide Hände reich' ich dir.
Einmal hin, einmal her,
rundherum, das ist nicht schwer!

Ei, das hast du fein gemacht,
ei, das hätt' ich nicht gedacht.
Einmal hin, einmal her,
rundherum, das ist nicht schwer!

Es tanzt ein Bi-Ba-Butzemann
in unser'm Kreis herum.
Er rüttelt sich, er schüttelte sich,
er wirft sein Säcklein hinter sich,
Es tanzt ein Bi-Ba-Butzemann
in unser'm Kreis herum.

Grete, Grete, liebes Gretelein,
komm, wir fahr'n Kar'selle.
Zehner für die Großen,
Fünfer für die Klein',
hei, wie geht das schnelle.
Hei! Hei! Hei! Hei!
Heisa und juchhei!
Hei, wie geht das schnelle.

Wenn wir fahren auf dem See,
wo die Fischlein schwimmen,
freuet sich meine ganzes Herz,
lauter Lust und Singen.
Edi, Ledi, wir sind hier,
der Goldfisch, der Goldfisch,
der folge mir.

Muß wandern, muß wandern,
wohl hin auf diesen grünen Platz.
Kommt ein lustiger Springer herein,
schüttelt den Kopf,
rüttelt den Rock,
stampft mit dem Fuß.
Komm, wir wollen tanzen gehn,
die andern müssen stille stehn.

Es regnet auf die Brücke,
und ich werd' naß.
Ich hab' etwas vergessen
und weiß nicht was.
Liebe Schwester, komm herein,
komm zu mir zum Tanz herein,
laß uns einmal tanzen
und lustig sein.

Hier ist's grün, dort ist's grün
unter meinen Füßen.
Hab' verloren meinen Schatz,
werd' ihn suchen müssen.
Such' ihn hier und such' ihn da,
such' ihn in Amerika –
bis ich ihn gefunden.

Spannelanger Hansel,
nudeldicke Dirn,
gehn wir in den Garten,
schütteln wir die Birn.
Schüttel ich die großen,
schüttelst du die klein'.
Wenn das Säckchen voll ist,
gehn wir wieder heim.

Zeigt her eure Füße,
zeigt her eure Schuh'
und sehet den fleißigen
Waschfrauen zu.
Sie waschen, sie waschen
den lieben langen Tag.
Sie waschen, sie waschen
den lieben langen Tag.
(wringen, hängen, gießen, bügeln....)

31

Wulle-wulle-Gänschen

Wulle-wulle-Gänschen
wackelt mit dem Schwänzchen.
Wollt ihr wissen, wer ich bin?
Ich bin die Frau Königin!
Ihr seid meine Kinder! Gi-ga-gack,
Ihr seid meine Kinder! Gi-ga-gack.

Komm, du meine blaue
und du, meine graue
und du mit dem Bubikopf
und du mit dem Hängezopf
und du schwarzer Peter! Gi-ga-gack,
und du schwarzer Peter! Gi-ga-gack.

Seht, da stehn sie alle fünfe
ohne Schuh und ohne Strümpfe.
Hei, wie ist die Welt so schön,
wenn die Kinder barfuß gehn
heut am lieben Sonntag! Gi-ga-gack.
heut am lieben Sonntag! Gi-ga-gack.

Wer eine Gans gestohlen hat,
der ist ein Dieb,
und wer sie mir dann wieder bringt,
den hab ich lieb.
Seht, da steht der Gänsedieb;
den hat kein Mensch mehr lieb.
Pfui, schäm' dich, pfui, schäm' dich,
daß alles lachen muß.

Die Handwerker

Wer will fleißige Handwerker seh'n,
der muß zu uns Kindern geh'n:
Zisch, zisch, zisch, zisch,
zisch, zisch,
der Schreiner hobelt glatt den Tisch.

Wer will fleißige Handwerker seh'n,
der muß zu uns Kindern geh'n:
Stein auf Stein, Stein auf Stein,
das Häuschen wird bald fertig sein.

Wer will fleißige Handwerker seh'n,
der muß zu uns Kindern geh'n:
Tauchet ein, tauchet ein,
der Maler streicht die Wände fein.

Wer will fleißige Handwerker seh'n,
der muß zu uns Kindern geh'n:
O wie fein, o wie fein,
der Glaser setzt die Scheiben ein.

Wer will fleißige Handwerker seh'n,
der muß zu uns Kindern geh'n:
Poch, poch, poch, poch, poch, poch,
der Schuster schustert zu das Loch.

Wer will fleißige Handwerker seh'n,
der muß zu uns Kindern geh'n:
Rühre ein, rühre ein,
der Bäcker backt den Kuchen fein.

Wer will fleißige Handwerker seh'n,
der muß zu uns Kindern geh'n:
Stich, stich, stich,stich, stich, stich,
der Schneider näht ein Kleid für
mich.

Wer will fleißige Handwerker seh'n,
der muß zu uns Kindern geh'n:
Rupp, rupp, rupp, rupp, rupp, rupp,
die Mutter kocht Kartoffelsupp.

Die Jahreszciten

Der Frühling bringt Blumen.
Der Sommer bringt Klee.
Der Herbst, der bringt Trauben.
Der Winter bringt Schnee.

Jahreszeiten

Die 12 Monate

Januar, Februar, März, April,
hock' in der Stube, wer da will.
Mai, Juni, Juli, August,
draußen gibt es Freud und Lust.
September, Oktober,
es schüttelt der Wind
die reifen Äpfel für das Kind.
November, Dezember,
nur still und fein,
bald kommt das liebe
Christkindlein.

Blümchen sind es, die ich bringe
heute dir zum Muttertag.
Will dir danken recht von Herzen
für die Liebe, Müh' und Plag.
Will dich lieben immer mehr,
will dein braves Kindlein sein.
Bist mein größtes Glück auf Erden,
liebes, gutes Mütterlein.

Alle Wiesen sind grün.
Alle Blümelein blühn.
Alle Vöglein zwitschern und singen.
In dem schattigen Raum,
unter'm blühenden Baum
laßt uns singen und tanzen
und springen.

Ein Herzchen voll Liebe,
ein Sträußchen klein,
ist, was ich dir bringe,
lieb Mütterlein.
Mein Herz und die Blumen
sie flüstern dir zu:
»Solange ich lebe,
mein alles bist du!«

Mütterchen,
das Sträußchen hier
schenk ich dir.
Alle Tage so wie heute
will ich brav sein
dir zur Freude.
Und zum Schluß
nimm den Kuß.

Regenlied

Es regnet, es regnet,
der Kuckuck wird naß.
Bunt werden die Blumen
und grün wird das Gras.
Mairegen bringt Segen.
Und werden wir naß,
so werden wir lustig
wie Blumen und Gras.

Liebe Sonne

Liebe Sonne, scheine wieder,
schein die dunklen Wolken nieder!
Komm mit deinem goldnen Strahl
wieder über Berg und Tal.
Trockne ab auf allen Wegen
überall den alten Regen!
Liebe Sonne, laß dich seh'n,
daß wir können spielen geh'n.

37

Das Dorf

Steht ein Kirchlein im Dorf, geht der
Weg dran vorbei,
und die Hühner, die machen
am Weg ein Geschrei.
Und die Tauben, die flattern
da oben am Dach,
und die Enten, die schnattern
da unten am Bach.
Auf der Brück' steht ein Junge,
der singt, daß es schallt.
Kommt ein Wagen voll Heu,
der kommt von der Wiese,
und oben darauf sitzt
der Hans und die Liese,
die jodeln und juchzen
und lachen alle beid',
und das klingt durch den Abend,
es ist eine Freud'.
Und dem König sein Thron,
der ist prächtig und weich,
doch im Heu zu liegen,
dem kommt doch nichts gleich!
Und wär' ich ein König,
gleich wär' ich dabei,
und nähme zum Thron mir
einen Wagen voll Heu.

Hübsch artig sein

Soll die liebe Frau Sonne scheinen,
dürfen die kleinen Kinder
nicht weinen,
dürfen nicht immer zanken
und schrei'n,
müssen sehr lieb und
hübsch artig sein!
Unartige Kinder, die mag ich nicht!

Aber wenn sie sich wieder
vertragen,
sich nicht mehr schelten und
schupsen und schlagen,
nein, fröhlich spielen und
folgsam sind,
gleich kommt Frau Sonne
hervor geschwind
und guckt aus den Wolken
lächelnd herfür:
So artige Kinder, die lob ich mir!

Laß stehn!

Im Korn, am Feldweg und
auf dem Rain
blüht so vieles im Sonnenschein.
Man rauft es aus und
trägt's nach Haus,
und getrocknet sieht es
erbärmlich aus.
Was man doch nicht besitzen kann,
laß stehn, wo es steht,
und freue dich dran.

Das Korn

Der Bauer baut mit Müh' und Not
das Korn für unser täglich Brot.
Zum Müller wird
das Korn gebracht
und feines Mehl
daraus gemacht.
Der Bäcker nimmt das Mehl
ins Haus
und backt im Ofen Brot daraus.
Die Mutter streicht noch
Butter drauf,
und wir – wir essen alles auf.

Der Wind

Horch, horch, mein Kind!
Das ist der Wind!
Er hat keinen Mund
und kann doch singen.
Er hat keine Flügel
und kann doch Schwingen.
Er hat keine Hände
und kann doch packen
vorn' am Kragen
und hinten am Nacken.

Der Onkel Herbst ist wieder da

Der bunte Herbst geht
durch das Land
mit langen Schritten
und starker Hand.
Die dürren Bäume schüttelt er,
die dicken Bäume rüttelt er.
Dann purzeln herunter
die reifen und losen
Äpfel und Birnen und Aprikosen.
Die Mädchen und Jungen rufen:
»Hurra, der Onkel Herbst
ist wieder da!«

Franz Josef Koch

Blättertanz

Ihr Blätter, wollt ihr tanzen?
So rief im Herbst der Wind.
Ja, ja, wir wollen tanzen!
Ja, ja, wir wollen tanzen!
Komm tanz mit uns geschwind.

Da fuhr er durch die Äste
und pflückte Blatt um Blatt.
Nun ziehen wir zum Feste.
Nun ziehen wir zum Feste.
Nun tanzen wir uns satt.

Da streut' er ohn' Erbarmen
die Blätter wie sich's traf.
Da lagen nun die Armen,
da lagen nun die Armen,
und weinten sich in den Schlaf.

Da hat der Winter sachte
mit Flocken sie bestreut.
Und wenn kein Blatt erwachte,
und wenn kein Blatt erwachte,
dann schlafen sie noch heut'.

Des Winters Ankunft

Der Winter steht am Tore.
Hallo! Was bringt er an?
Schneemänner und Schneeballen,
die schönste Schlittenbahn.

Bringt warme Dämmerstunden,
manch' schönen Märchentraum,
Bratäpfel, Honigkuchen
und einen Lichterbaum.

Ei, das sind feine Sachen,
Herr Winter, nur herein!
Ihr werdet unseren Kindern
gar hochwillkommen sein.

Der Schneemann

Seht den Mann, o große Not!
Wie er mit dem Stocke droht.
Gestern schon und heute noch,
aber niemals schlägt er doch.
Schneemann, bist ein armer Wicht,
hast 'nen Stock
und wehrst dich nicht.

Im Winter

Alle Blumen schlafen
in der Winterszeit.
Nicht ein buntes Blättchen
sieht man weit und breit.

Flöckchen fallen nieder,
glänzend weiß und rein,
hüllen warm die Erde
in ein Tüchlein ein.

Und die Blümlein schlafen
nun in guter Ruh,
denn das weiße Tüchlein
deckt sie alle zu.

Ra, ru, risch,
im Winter ist es frisch,
Im Sommer singt die Nachtigall,
da freuen sich die Menschen all.

Schneemännlein

Schneemännlein, Schneemännlein,
stehst ja da auf einem Bein,
Schneemännlein, Schneemännlein,
bist ja ganz allein.
Sieh, wir tanzen um dich her,
fürchten deinen Stock nicht mehr.
Hopsasa, didirallala,
ha, ha, ha, ha, ha.

Schneemännlein, Schneemännlein,
tanz' mit uns den Ringelreih'n,
Schneemännlein, Schneemännlein,
heb doch auf das Bein.
Schau, wie schnell das geht im Saus!
Komm und tanz mit uns nach Haus.
Hopsasa, didirallala,
ha, ha, ha, ha, ha.

Das Kätzchen im Schnee

A, B, C, das Kätzchen lief im Schnee.
Und als es wieder raus kam,
hatt' es weiße Stiefel an.
O jemine, o je,
das Kätzchen lief im Schnee.

Die Schlitten heraus

Wer bleibt noch im Stübel?
Wer hockt noch im Haus?
Ihr Mädchen und Buben,
die Schlitten heraus!

Hinaus auf die Berge
mit Hei und Hurra!
Die Welt ist ein Schneemann,
der Winter ist da!

Wir sausen und brausen
ins Tal wie der Blitz.
Es fliegen die Röcke,
und fort ist die Mütz.

Und geht's mal kopfüber
in Graben und Schnee,
da lach ich bloß drüber,
es tut ja nicht weh.

Im Winter

Ein Rabe sitzt auf einem Zaun.
Zwei kleine Mädchen
steh'n und schau'n.
Sie steh'n im Schnee
und wundern sich:
»Schön guten Tag, wir grüßen dich,
Herr Rab, Herr Rab, Herr Rab.«

Du schwarzer Rab, du Tintenfaß,
komm mit zur Schul'
und lerne was.«
»Was soll ich denn
zur Schule geh'n?
Ich sing ja schon so wunderschön:
Krab, Krab, Krab,
Krab, Krab, Krab.«

»Komm mit, hier ist
die Welt verschneit.
Wir nähen dir ein warmes Kleid.«
»Nicht Schnee, nicht Kälte
macht mir Harm.
Ich hab ein Röcklein
hübsch und warm,
so schwarz, so schwarz,
so schwarz.«

»Du alter Rab, du putzig Tier,
was willst du denn im Dorfe hier?«
»Mein Magen knurrt, ich leide Not.
Gebt mir ein Stückchen Vesperbrot
zum Fraß, zum Fraß, zum Fraß.«

W. Blüthgen

Ein Vogel am Fenster

An das Fenster pocht es:
Pick, pick, pick!
»Mach mir doch auf einen
Augenblick.
Dick fällt der Schnee,
der Wind ist kalt.
Habe kein Futter, erfriere bald.
Liebe Leute, o laßt mich ein.
Will auch immer recht artig sein!«
Sie ließen ihn ein in seiner Not.
Sie gaben ihm manches
Stückchen Brot.
Doch als der Sommer
durch's Fenster sah,
da saß er immer so traurig dort.
Sie machten ihm auf. –
Husch, war er fort!

Sonne, Mond und Sterne

Die Sonne sinkt im Westen,
sie legt sich nun zur Ruh'.
Schon fallen ihr gar müde
die Strahlenaugen zu.

Ein Sternlein hat's gesehen.
Das sagt's dem Mond geschwind,
damit wir hier auf Erden
nicht ganz im Dunkeln sind.

Der holet sein Laternchen
und hält's in seiner Hand,
geht auf und ab spazieren,
bescheint das ganze Land.

Die Sternlein auch, die funkeln
herab mit gold'nem Schein
und leuchten uns mitunter
sogar in's Fensterlein.

Doch wenn am frühen Morgen
die Sonne hell erwacht,
dann sagen Mond und Sterne
einander »Gute Nacht«.

Dann schlüpfen sie ins Bettchen
aus weichem Wolkenflaum
und liegen bis zum Abend
im allerschönsten Traum.

Der Schäfer

Freut euch, ihr Schäfersleut,
freut euch im Feld!
Ich hab wohl meine Freud'
auf dieser Welt.
Wenn's an den Morgen kommt,
treibe ich aus,
treib' meine Schäfelein
zum Stall hinaus.
Was ich im Schnappsack trag'?
Butter und Brot.
Wer dieses bei sich hat,
leidet nicht Not.
Wenn's um den Mittag kommt,
eß ich mein Brot.
Gehe zum Brünnlein hin,
trinke mich satt.
Wenn die Sonn' untergeht,
treibe ich heim,
treib' meine Schäfelein
zum Stall hinein.